José Manuel
Vega Báez

Liderazgo
SOBRESALIENTE

cómo lograr resultados superiores y sostenibles

SERIE CIMA
Liderazgo de Alto Nivel

Liderazgo Sobresaliente
Primera edición: diciembre 2018

D.R. José Manuel Vega Báez 2018
Ocote 52 Col. Huayatla 10360
Magdalena Contreras, Ciudad de México
www.seriecima.com
info@seriecima.com

Portada: www.buuk.mx
Imágenes: www.freepik.com
Fotografía: www.wemoose.com/seriecima

DEDICATORIA

A las familias de las que provengo y a las que tengo el

orgullo de pertenecer:

Báez Ruiz, Cebrián Martínez, Vega Báez, Vega Cebrián,

Vega González, Vega Trujillo.

AGRADECIMIENTOS

Adriana Argüelles, Alejandro Negrete, Alexandra Barocio,

Cecilia Salazar, Dinorah Vásquez, Fernanda Salmón,

Fernando Salmones, Gema Cortes, Guillermo Rodríguez,

Humberto Cervantes, Ileana Hernández, Isabel González,

Jorge Hamdan, José Ramón Murillo, Karla Salinas,

Laura Vázquez, Leticia Domínguez, Luis Valls,

Maricarmen Huerta, Mayra Rico, Néstor del Prado,

Oliverio Fernández, Pedro Manzur.

Índice

Prólogo

José Manuel Vega Báez

Como a los líderes se les exige un desempeño sobresaliente, el enfoque de las métricas para juzgarlos y de la mayoría de los entrenamientos para prepararlos se concentra en los resultados.

Esta visión es defectuosa. Sobre todo en lo referente a la manera de formarlos, pues quedan desatendidos otros elementos de los cuales dependen los resultados que se esperan de ellos.

Conviene entonces aproximarnos al ejercicio del liderazgo a través de una óptica de sistemas, en donde consideremos entradas, procesos, salidas (resultados) y retroalimentación.

La lógica de esta perspectiva radica en la naturaleza misma: para cosechar los mejores frutos es necesario poner la primera atención en la semilla, la tierra, el agua, la luz, el abono, etcétera.

En otras palabras, así como un fruto no puede ser mejor a los insumos que le dieron origen, los resultados de un líder tampoco podrán ser superiores, en primer lugar, a su percepción (input).

El líder obtiene resultados por medio de sus decisiones, basadas en sus razonamientos, respaldados por sus aprendizajes y fundamentados en sus percepciones.

Si la percepción (input) de un líder es incorrecta, incompleta o inoportuna, sus resultados (output) serán incorrectos, incompletos o inoportunos, menguando su desempeño y el de su colectivo.

Por tanto, nuestro punto de partida será el análisis de siete elementos (sentidos) de percepción (input) esenciales en el ejercicio del liderazgo y la manera de fortalecer cada uno de ellos.

Comencemos pues una travesía sistémica que nos revele la pauta para lograr resultados superiores y sostenibles en nuestro entorno más cercano a través de un liderazgo sobresaliente.

¡Ánimo y ACCIÓN!

Intégrate a mis comunidades
en Whatsapp, Twitter, Linkedin o Facebook.

José Manuel Vega Báez
info@seriecima.com
www.seriecima.com

Capítulo 1
Sentido de Responsabilidad

1.1
El líder es el primer y último responsable del proyecto que encabeza

Líder es la persona que guía a una colectividad en la conquista de un sueño compartido. Y ese sueño, sin importar si es propio o apropiado, será su proyecto, y por tanto, su responsabilidad.

La responsabilidad del líder para con ese proyecto comienza desde el momento de su formulación, o de su nombramiento, y solo debe terminar con el fin del ciclo del líder o del proyecto.

No hay más. Un líder que renuncia a su responsabilidad en su proyecto, es como un capitán que abandona su embarcación: ambos merecen la más severa condena.

De ahí que la decisión del nombramiento para una posición de liderazgo no deba ser tomada a la ligera, ni por quienes la estarán otorgando, ni por quienes la estarán recibiendo.

Y si bien de inicio ambas partes tienen una carga compartida, en cuanto el proyecto tenga su líder, éste debe ser completamente responsable de su destino.

José Manuel Vega Báez

Fortalece tu Sentido de Responsabilidad respondiendo con toda honestidad a las siguientes preguntas:

1. ¿Desde cuándo eres responsable de tu proyecto?

2. ¿Cómo fue que comenzó todo?

3. ¿Actualmente estás más entusiasmo que entonces? ¿Por qué?

4. Si no es así, ¿qué harás al respecto?

1.2
La responsabilidad más importante que debe asumir un líder es el cumplimiento de la meta

Esta es la primera dimensión a partir de la cual se puede hacer una evaluación del desempeño de cualquier individuo que encabeza a un grupo de personas.

Definir la meta es indispensable para la materialización de un proyecto. De otra manera la idea en cuestión no pasará de ser un sueño, un propósito o un buen deseo.

En ocasiones el líder definirá la meta, pero la mayoría de las veces estará sujeto a una autoridad superior encargada de hacerlo y solo podrá dar su opinión.

Si el líder es responsable de fijar la meta, esa será su labor inicial más importante pues de ella dependerá el resto de su quehacer. Si no lo es, tendrá que acatarla y apropiarse de ella.

En cualquier caso, una vez en la faena, todo lo que el líder piense, diga o haga solo tendrá sentido si ayuda al cumplimiento de la meta, pues esa es su responsabilidad primordial.

José Manuel Vega Báez

**Fortalece tu Sentido de Responsabilidad respondiendo
con toda honestidad a las siguientes preguntas:**

1. ¿Cuál es la meta principal del colectivo que encabezas?

2. ¿Quién y cómo se definió esa meta?

3. ¿Estás seguro que alcanzarán esa meta? ¿Por qué?

4. Si no es así, ¿qué harás al respecto?

1.3
El líder tiene la responsabilidad de mejorar su futuro, el de su colectivo y el de su entorno

Es por ello que debe agudizar su sentido de responsabilidad, tanto en amplitud, como en profundidad, pero de una manera en la que se garantice el mayor bien posible para todas las partes.

El error más frecuente que ocurre en este proceso es el espejismo de creer que todo lo que le beneficie al líder, será benéfico para su colectivo y para su entorno.

Nada más alejado de la realidad. Por el contrario, el razonamiento debe hacerse exactamente al revés: primero buscar el bien para el entorno, después para el colectivo y al final para el líder.

Con toda seguridad podemos identificar fácilmente decisiones en cualquier ámbito, público y privado, que fueron tomadas con un criterio equivocado: anteponiendo los intereses del líder.

Esta es la razón por la que existen muy pocos grandes líderes. Porque solo muy pocos actúan con responsabilidad al momento de ponderar la conveniencia general y la conveniencia personal.

Fortalece tu Sentido de Responsabilidad respondiendo con toda honestidad a las siguientes preguntas:

1. ¿Cuál es el beneficio al entorno que debe generar tu colectivo?

2. ¿Cómo se enteran del nivel de beneficio que provocan?

3. ¿Están cumpliendo de forma satisfactoria?

4. Si no es así, ¿qué harás al respecto?

1.4
El líder tiene la responsabilidad de desarrollar al máximo a cada uno de los integrantes de su colectivo

Probablemente esta sea la responsabilidad más desatendida en el ejercicio del liderazgo, con excepción de algunos colectivos fraternos: familia, escuela, deporte y arte grupal, entre otros.

Sin embargo fuera de esos ambientes, en general los líderes no solo descuidan el desarrollo de los miembros a su cargo, sino que de manera involuntaria, o incluso hasta deliberada, lo evitan.

Se trata de un mecanismo de supervivencia mal entendido, bajo el supuesto de que con el desarrollo de las personas a cargo, se corre el riesgo de eventualmente ser sustituido por una de ellas.

Lo anterior es un claro ejemplo en donde se antepone el beneficio del líder, pues resulta evidente que lo mejor para cualquier grupo humano es que todos sus integrantes perfeccionen sus capacidades.

Por tanto, el líder debe instrumentar una estrategia sistemática para identificar, desarrollar y poner al servicio del colectivo los talentos de cada persona bajo su custodia.

José Manuel Vega Báez

Fortalece tu Sentido de Responsabilidad respondiendo con toda honestidad a las siguientes preguntas:

1. ¿Qué nivel de desarrollo tiene cada integrante de tu colectivo?

2. ¿Cómo determinas sus necesidades de desarrollo?

3. ¿Estás haciendo tu máximo esfuerzo para desarrollarlos?

4. Si no es así, ¿qué harás al respecto?

1.5
Un líder que no cumple en las responsabilidades pequeñas, tampoco lo hará en las grandes

La regla general en el progreso de un líder es que el colectivo que encabece sea mayor conforme transcurra el tiempo y de forma aparejada crezca su nivel de responsabilidad.

En consecuencia, de inicio tendrá encargos menores y a partir de su cabal cumplimiento, será merecedor de encomiendas superiores, hasta que alcance su nivel de incompetencia.

Aunque se escucha muy riguroso, y por lo mismo existe la propensión a evadirlo, el nivel de incompetencia en el ejercicio del liderazgo es una realidad que debe atenderse.

Ese límite puede ser temporal o permanente. Cuando es temporal deben procurarse los medios para elevarlo, mientras que cuando es permanente lo más sano es reconocerlo con serenidad.

Se comete un gran error cuando un líder que ha llegado a su nivel de incompetencia adquiere más responsabilidad, pues esa decisión terminará perjudicando al líder, al colectivo y al entorno.

José Manuel Vega Báez

Fortalece tu Sentido de Responsabilidad respondiendo con toda honestidad a las siguientes preguntas:

1. ¿Cuál es el siguiente nivel al que podrías acceder?

2. ¿Eres considerado un candidato firme para ser promovido?

3. ¿Estás preparado en este momento para un ascenso?

4. Si no es así, ¿qué harás al respecto?

José Manuel Vega Báez

Capítulo 2
Sentido de Pertenencia

2.1
Una persona sin sentido de pertenencia está perdida y un líder sin sentido de pertenencia hará que otros se pierdan

Como la persona humana es un ser gregario, está en su naturaleza la necesidad de pertenencia institucional: a una familia, a una comunidad, a una organización, etcétera.

El sentido de pertenencia cambia por completo la perspectiva de cualquier persona. Sin pertenencia no hay compromiso. Con pertenencia es posible la confección de un contrato social.

El único modo para que un líder pueda infundir sentido de pertenencia a su colectivo es que él mismo lo tenga. Y el único modo de tenerlo es apropiándose del propósito institucional.

La apropiación es un proceso gradual que idealmente debería llegar hasta las últimas consecuencias. Cuando la apropiación es total, el individuo estará dispuesto a dar la vida por su causa.

Así de importante es el sentido de pertenencia en un colectivo y el líder es el primero que tiene que percatarse de ello y hacer todo lo que esté a su alcance para reforzarlo.

José Manuel Vega Báez

Fortalece tu Sentido de Pertenencia respondiendo con toda honestidad a las siguientes preguntas:

1. ¿Cuál es tu nivel actual de pertenencia institucional?

2. ¿Qué evidencias respaldan ese nivel?

3. ¿Tu nivel de pertenencia institucional es ejemplar?

4. Si no es así, ¿qué harás al respecto?

2.2
La labor de un líder se transforma cuando se vuelve anfitrión de los miembros de su colectivo

Aunque a simple vista parece tratarse de algo muy obvio y muy sencillo, en realidad no lo es. Si fuera obvio y sencillo todos los líderes lo harían y lo harían bien.

En esencia el ejercicio del liderazgo se trata de invitar a otras personas para que colaboren en la conquista de un sueño que sobrepasa las capacidades de quien lo imaginó.

Bajo esa óptica el líder es el anfitrión y los integrantes de su colectivo son sus convidados, de manera que si los visualiza en ese contexto, su actitud para con ellos debe la adecuada.

En primer lugar un buen anfitrión les extiende la más cordial bienvenida a sus invitados y les procura una atención esmerada, asegurándose que nada les falte.

Además se cerciora con regularidad que se sientan cómodos y que estén disfrutando de su estancia... Igual que lo hacen los buenos líderes con los miembros de su colectivo.

José Manuel Vega Báez

Fortalece tu Sentido de Pertenencia respondiendo con toda honestidad a las siguientes preguntas:

1. ¿Qué tan buen anfitrión de tu colectivo te consideras?

2. ¿Por qué lo dices?

3. ¿Estás seguro que tu colectivo te considera gran anfitrión?

4. Si no es así, ¿qué harás al respecto?

2.3
El resultado potencial de un líder es inversamente proporcional a la distancia emocional con su colectivo

Cuando el líder se ha apropiado del propósito institucional y ha caído en la cuenta de su papel como anfitrión, debe robustecer los lazos afectivos con los miembros de su colectivo.

En muchos contextos esta acción sigue siendo vista como una muestra de debilidad en el ejercicio del liderazgo, señalando la conveniencia de mantener la separación entre los involucrados.

Sin embargo, una situación no está reñida con la otra, como se demuestra de manera natural en el correcto liderazgo familiar, capaz de combinar la obediencia con el amor.

En otros ámbitos nos referimos al equilibrio entre el respeto y el aprecio, que no solo es posible, sino que está demostrado que cuanto más se aprecia a una persona, más respeto se le tiene.

Por tanto, para obtener los mejores resultados en su gestión, el líder debe esforzarse en estrechar el vínculo personal con cada uno de los integrantes de su colectivo.

José Manuel Vega Báez

Fortalece tu Sentido de Pertenencia respondiendo con toda honestidad a las siguientes preguntas:

1. ¿Cómo es en tu colectivo el balance entre respeto y aprecio?

2. ¿Qué te hace considerarlo de esa manera?

3. ¿Tu vínculo afectivo es estrecho con tu colectivo?

4. Si no es así, ¿qué harás al respecto?

2.4
El sentido de pertenencia pleno solo ocurre si el líder conoce a cada miembro de su colectivo y ellos también le conocen

La travesía rumbo al conocimiento del otro debe comenzar por iniciativa del líder, quien debe prepararse para hacer un recorrido diferente según lo requiera cada caso particular.

El objetivo del viaje es lograr la confianza de cada integrante del colectivo, lo cual supone un esfuerzo de doble vía: que la persona acceda a ser conocida y que el líder acceda a que se le conozca.

Este proceso es gradual y no está exento de vicisitudes pues implica identificar tanto las virtudes y las fortalezas, como los vicios y las limitaciones de cada uno de los involucrados.

Pero si el objetivo es claro y se obra con honestidad, el resultado será extraordinario pues se habrá formado una fraternidad de confianza con gran sentido de pertenencia.

Claro que no es una tarea simple, por el contrario, probablemente sea de uno de los retos más grandes, pero solo superándolo con éxito será posible que una persona pase de ser jefe, a ser líder.

José Manuel Vega Báez

Fortalece tu Sentido de Pertenencia respondiendo con toda honestidad a las siguientes preguntas:

1. ¿Qué tanto conoces a cada integrante de tu colectivo?

2. ¿Qué tanto te falta por conocerlos mejor?

3. ¿Es tu colectivo una fraternidad de confianza?

4. Si no es así, ¿qué harás al respecto?

2.5
Nosotros es la palabra que demuestra un correcto liderazgo del sentido de pertenencia

Al igual que ocurre con el sentido de responsabilidad, el sentido de pertenencia debe estar profundamente arraigado en el líder, lo cual solo es posible en una organización afín a sus convicciones.

De ahí que el líder deba ser muy selectivo al momento de formalizar un compromiso institucional, ya sea que se trate de un proyecto propio o de uno en el que va a colaborar.

Y lo mismo aplica al elegir a los integrantes de su colectivo, pues será imposible infundir sentido de pertenencia a personas no afines a las convicciones institucionales.

Una vez teniendo clara la base común del colectivo, el sentido de pertenencia debe procurarse por todos los medios: desde la filosofía organizacional hasta el código de vestimenta.

La mejor evidencia de un colectivo con profundo sentido de pertenencia se presenta cuando las palabras yo, tú, él, ella, ustedes y ellos ceden su lugar a la palabra nosotros.

José Manuel Vega Báez

Fortalece tu Sentido de Pertenencia respondiendo con toda honestidad a las siguientes preguntas:

1. ¿Te encuentras en una organización afín a tus convicciones?

2. ¿La organización es afín a las convicciones de tu colectivo?

3. ¿Nosotros es la palabra más importante de tu colectivo?

4. Si no es así, ¿qué harás al respecto?

José Manuel Vega Báez

Capítulo 3
Sentido Común

3.1
Un líder sin sentido común es como una brújula sin aguja, incapaz de señalar el norte

A simple vista parecería fuera de lugar hablar del sentido común al analizar el quehacer de personas que tienen el encargo de dirigir a otros. Como si por ello ya lo dominaran.

Pero en la realidad se aprecia que en muchas ocasiones los líderes, al privilegiar el uso de conocimientos sofisticados, dejan de lado el sentido común y cometen errores elementales.

De ninguna manera existe la intención de restarle relevancia al saber refinado, más bien se trata de recuperar la gran utilidad que aporta el sentido común en el ejercicio del liderazgo.

La orientación que brinda el sentido común en la práctica se debe a su capacidad de revelar verdades autoevidentes, cuyo propósito es evitar equivocaciones y corroborar conjeturas.

Así, un líder con sentido común identificará hacia dónde no está el norte, enseguida la ciencia a su alcance le dirá hacia dónde está, y después su mismo sentido común se lo confirmará.

José Manuel Vega Báez

Fortalece tu Sentido Común respondiendo con toda honestidad a las siguientes preguntas:

1. ¿Qué tan importante es para ti el sentido común?

2. ¿Por qué lo consideras así?

3. ¿Confías plenamente en tu sentido común?

4. Si no es así, ¿qué harás al respecto?

3.2
En el caso de un líder, el sentido común no puede ser el menos común de sus sentidos

El sentido común es una capacidad que todos tenemos en estado potencial y que, como cualquier otra capacidad, requiere de un entrenamiento constante para su perfeccionamiento.

Y si bien es cierto que su desarrollo temprano fue responsabilidad de terceras personas, no menos cierto es que el líder debe tomar cuanto antes el control de su progreso en esta materia.

Con el sentido común se tiene la gran ventaja de que no se necesitan estudios formales para prosperar, por el contrario, la vida cotidiana y la sabiduría popular son grandes maestros.

De ahí que esté al alcance de cualquier persona desarrollar esta capacidad de la cual se ha dicho, y con mucha razón, que es el menos común de todos los sentidos.

Por tanto, ningún líder está disculpado por actuar con falta de sentido común, ya que siempre tendrá la prerrogativa de consultar con sus colaboradores, sobre todo con los de más experiencia.

José Manuel Vega Báez

Fortalece tu Sentido Común respondiendo con toda honestidad a las siguientes preguntas:

1. ¿Qué tanto ejercitas con regularidad tu sentido común?

2. ¿Cómo y cuándo es que lo haces?

3. ¿Siempre tomas en cuenta el sentido común para decidir?

4. Si no es así, ¿qué harás al respecto?

3.3
Cuando la soberbia satura el espacio del liderazgo, el sentido común no tiene cabida

Después de observar el comportamiento de los líderes que hacen caso omiso al sentido común, llegamos a la conclusión que tiene que ver con un defecto aún mayor: la falta de humildad.

Cuando un líder es soberbio, confía principalmente en sus propios medios y, de entre ellos, en los que más le costaron adquirir y que lo diferencian del resto de las personas que le rodean.

De esta manera cierra su percepción a opiniones ajenas, sobre todo de personas que considera menos preparadas, así como también a la información que le brinda su propio sentido común.

Entonces sucede lo inevitable: no solo desfila desnudo frente a todo el mundo, sino que previamente convenció a su incondicional círculo cercano de la belleza de su traje nuevo.

Y es el sentido común de un niño, el que finalmente desenmascara por completo el grotesco espectáculo montado a partir de la soberbia de un mal líder.

José Manuel Vega Báez

Fortalece tu Sentido Común respondiendo con toda honestidad a las siguientes preguntas:

1. ¿Consideras que la humildad es una de tus cualidades?

2. ¿Tu colectivo estará de acuerdo con tu respuesta?

3. ¿Estás seguro que la soberbia nunca te domina?

4. Si no es así, ¿qué harás al respecto?

3.4
A un líder falto de sentido común también le faltará el respaldo colectivo

De entre las ventajas del sentido común podemos destacar que su aplicación es universal, inmediata y manifiesta, por lo que resulta excelente para reforzar el ejercicio del liderazgo.

La universalidad tiene que ver con que puede emplearse en cualquier circunstancia, sin importar la complejidad de la misma. Es más, a mayor complejidad, mayor utilidad del sentido común.

La inmediatez se refiere a que puede utilizarse desde el primer momento en el que se atiende una situación. Y entre mayor sea la premura por resolverla, mayor será la utilidad del sentido común.

Lo manifiesto significa que es evidente cuando en un asunto se ha incorporado o se ha dejado de lado el sentido común. El problema surge cuando esa evidencia no es clara para el líder.

De lo que sí podemos tener completa certeza, es que cuando el liderazgo se tiñe de sentido común tendrá un mayor respaldo de los grupos de interés involucrados.

José Manuel Vega Báez

Fortalece tu Sentido Común respondiendo con toda honestidad a las siguientes preguntas:

1. ¿Conoces líderes sin sentido común?

2. ¿Qué es lo que te hace identificarlos?

3. ¿Tienes la fama de ser un líder con sentido común?

4. Si no es así, ¿qué harás al respecto?

3.5
Solo hay dos cosas que un líder puede hacer con el sentido común: atenderlo o ignorarlo

Siendo tan importante el sentido común para el correcto ejercicio del liderazgo, es preciso reconocer dos realidades: tenemos un enemigo en casa y siempre hay lugar para un invitado extra.

El adversario doméstico es nuestro propio sistema educativo que, por lo general y conforme avanza de nivel, privilegia el saber procesado y desestima el entendimiento natural.

Una prueba de lo anterior es que la gran mayoría de los líderes de las empresas globales más importantes no fueron los mejores alumnos de las universidades más prestigiosas.

Lo mismo pasa en otros campos profesionales. Tal pareciera que los grados académicos son incompatibles para las posiciones de liderazgo. Y claro que sí: cuando se desconoce el sentido común.

Esta desfavorable situación se resuelve cuando el líder, en vez de ignorar al sentido común, lo invita y lo alienta a participar activamente en los procesos a su cargo.

José Manuel Vega Báez

Fortalece tu Sentido Común respondiendo con toda honestidad a las siguientes preguntas:

1. ¿Qué tan frecuente ignoras al sentido común?

2. ¿A qué crees que se deba?

3. ¿Siempre usas y alientas a que se use el sentido común?

4. Si no es así, ¿qué harás al respecto?

José Manuel Vega Báez

Capítulo 4
Sentido de Urgencia

4.1
Hay tres tipos de líderes: lo que activan el cambio, los que se adaptan al cambio y los que aplazan el cambio

El proceso de cambio solo puede atenderse de forma apropiada con sentido de urgencia. Si bien hay que discernir qué cambio, la experiencia muestra que aun para esto suele existir aplazamiento.

Esta demora tiene dos causas principales: indecisión, cuando existe duda y evasión, cuando existe miedo. Y para ambos casos opera la misma realidad: jamás dejará de haber duda y miedo.

En el caso de la duda hay que aceptar que es imposible conocer todos los elementos de una situación, por lo que la incertidumbre será una compañera inseparable al tomar cualquier decisión.

Para el caso del miedo ocurre algo similar. Es imposible tener éxito en todo lo que se emprenda, por lo que el riesgo también será un colega asociado a todas las decisiones.

Lo fundamental para un líder es que su sentido de urgencia lo lleve a decidir con celeridad pese a sus dudas y a sus miedos. Activar, adaptarse o aplazar el cambio: ese es el dilema.

José Manuel Vega Báez

Fortalece tu Sentido de Urgencia respondiendo con toda honestidad a las siguientes preguntas:

1. ¿Qué tanto aplazas las decisiones que tienes que tomar?

2. ¿La causa principal es por indecisión o por evasión?

3. ¿Eres conocido como un líder activador del cambio?

4. Si no es así, ¿qué harás al respecto?

4.2
El ejercicio del liderazgo deambula entre la abstracción de los grandes sueños y su concreción en la realidad cotidiana

Si bien es cierto que si no hay decisión, no hay acción. También lo es que la sola decisión no garantiza la acción. En cualquier caso nos encontramos ante un sentido de urgencia deteriorado.

Un acertijo del dominio público plantea que hay cinco gaviotas al borde de un muelle y que una de ellas decide volar mar adentro. Y pregunta el número de gaviotas que quedan en el muelle.

La respuesta esperada es que siguen las cinco gaviotas en el borde del muelle porque la que decidió volar solo hizo eso: decidir, pero no convirtió su decisión en acción.

En el terreno del liderazgo la inacción suele ser una falla frecuente, que muchas veces está agravada por la dilación en la etapa previa correspondiente a la toma de decisiones.

La manera más efectiva que tiene un líder para terminar con el retraso de las decisiones y de las acciones consiste en fortalecer el sentido de urgencia: el propio y el de su colectivo.

José Manuel Vega Báez

Fortalece tu Sentido de Urgencia respondiendo con toda honestidad a las siguientes preguntas:

1. ¿Tu estilo de pensamiento es más abstracto o más concreto?

2. ¿Sabías que eso determina tu manera de actuar?

3. ¿Te resulta muy fácil pasar de la decisión a la acción?

4. Si no es así, ¿qué harás al respecto?

4.3
Si el líder no le tiene respeto al tiempo, tampoco el tiempo le tendrá respeto al líder

El sentido de urgencia comienza con la clara conciencia del excepcional valor del tiempo: un preciado activo que, además de ser muy escaso, es completamente irrecuperable.

De ahí que el líder tenga que ser sumamente cuidadoso con la gestión de su tiempo y con la conveniencia temporal de sus decisiones y de sus acciones.

Por un lado, el desperdicio de tiempo implica una costosa e irreparable pérdida, no solo para el líder, sino también para su colectivo y para el entorno en el que se desenvuelven.

Y por otra parte, si sus decisiones o sus acciones pierden el instante justo para llevarse a cabo, el efecto deseado se verá mermado, si no es que incluso podría llegar a ser nulo.

Parecería una minucia, pero el sentido de urgencia en el ejercicio del liderazgo comienza con el respeto del tiempo propio y de los demás a través de la puntualidad en los compromisos adquiridos.

José Manuel Vega Báez

Fortalece tu Sentido de Urgencia respondiendo con toda honestidad a las siguientes preguntas:

1. ¿Has calculado el valor económico del tiempo de una reunión?

2. ¿Sabes el cambio de valor de una decisión fuera de tiempo?

3. ¿Es la puntualidad una de tus fortalezas?

4. Si no es así, ¿qué harás al respecto?

4.4
Un buen líder sabe que el paso de tiempo es absoluto, pero que su impacto es relativo

Al hablar sobre el sentido de urgencia es importante reconocer la relatividad del tiempo, pues cada sistema tiene una duración de ciclo distinta, así como diferentes grados de disfuncionalidad.

El impacto de un segundo de retraso en un sistema que tiene ciclos de un minuto es mucho mayor al que tendría si los ciclos fueran de una hora, un día, una semana, etcétera.

En la misma lógica, un segundo de retraso en un sistema con ciclos de un minuto, afectará de forma distinta dependiendo la sensibilidad de la parte del sistema que lo experimente.

Las dos consideraciones anteriores deben ser correctamente ponderadas para estar en posibilidad de determinar con acierto el grado de urgencia de una situación.

Por tanto, el líder debe conocer a fondo el sistema que encabeza, pues de otro modo podría tomar apresuradamente una decisión que no requiere tanta premura y viceversa.

José Manuel Vega Báez

Fortalece tu Sentido de Urgencia respondiendo con toda honestidad a las siguientes preguntas:

1. ¿Conoces la temporalidad de los ciclos del sistema que lideras?

2. ¿Sabes qué partes de tu sistema son más sensibles al tiempo?

3. ¿Identificas perfectamente cuando una situación es urgente?

4. Si no es así, ¿qué harás al respecto?

4.5
El sentido de urgencia de un líder determina el sentido de urgencia de su colectivo

Solo cuando un líder conoce el margen de tolerancia temporal del sistema que encabeza está en posibilidad gestionar acertadamente el sentido de urgencia en su colectivo.

Y es en la manera de maniobrar con ese margen en donde se origina una diferencia importante de efectividad en el desempeño de distintos líderes y sus respectivos colectivos.

Un líder sin sentido de urgencia ocasionará que su colectivo opere a un ritmo menor al requerido para la consumación de las metas, por lo que habrá incumplimiento constante.

Un líder con sentido de urgencia normal propiciará que la mayoría de las veces su colectivo alcance las metas, aunque habrá ciertos casos en los que algún imponderable se los impedirá.

Un líder con sentido de urgencia sobresaliente, al hacer un mejor uso del margen de tolerancia temporal, no solo provocará que su colectivo logre las metas, sino que con frecuencia las superará.

José Manuel Vega Báez

Fortalece tu Sentido de Urgencia respondiendo con toda honestidad a las siguientes preguntas:

1. ¿Cómo es tu sentido de urgencia personal y el de tu colectivo?

2. ¿Qué tienes que hacer para ambos sean consistentes?

3. ¿Te conocen por tener un sentido de urgencia sobresaliente?

4. Si no es así, ¿qué harás al respecto?

José Manuel Vega Báez

Capítulo 5
Sentido del Humor

5.1
Siempre será más útil un líder con buen humor, que un líder con mal humor

Uno de los aliados más efectivos y menos utilizados de manera consciente en el liderazgo es el sentido del humor. Tal pareciera que ambas realidades fueran distantes, cuando no lo son.

El sentido del humor le brinda innumerables ventajas a un líder: desde la capacidad de generar mejores escenarios y estrategias, hasta la habilidad para resolver mejor los conflictos humanos.

Está comprobado que el desempeño de los líderes varía de manera significativa según el humor en el que se encuentran. A mejor humor, mejor desempeño y viceversa.

Y como el humor y el desempeño son contagiosos, no pasará mucho tiempo antes de que el colectivo encabezado por un líder experimente los mismos niveles de humor y desempeño.

De ahí la importancia de aprovechar este recurso que, como lo establece la sabiduría popular, se trata de una decisión personal: al mal tiempo buena cara... y al buen tiempo, también.

José Manuel Vega Báez

Fortalece tu Sentido del Humor respondiendo con toda honestidad a las siguientes preguntas:

1. ¿Qué opinas del uso del sentido del humor en el liderazgo?

2. ¿Sabías de la relación entre el humor y el desempeño?

3. ¿La gente te identifica como un líder con buen humor?

4. Si no es así, ¿qué harás al respecto?

5.2
Un buen líder + un buen colectivo + un buen estado de ánimo = un buen augurio

El sentido del humor, en su acepción más amplia, se refiere al estado de ánimo: la disposición que se tiene antes de pasar a la acción y que determinará en buena medida la fluidez del proceso.

Si el estado de ánimo no es propicio, se tenderá a diferir el comienzo del trabajo. En tanto que con un estado de ánimo favorable, incluso podría adelantarse el inicio de la faena.

También, cuando el humor es negativo, la labor se volverá ardua y muchas veces infructuosa. Mientras que si el humor es positivo, la tarea se simplificará y será más fácil concluirla con éxito.

En consecuencia, el estado de ánimo tiene la poderosa capacidad de transformar por completo la manera en la que se perciben, se enfrentan y se resuelven las situaciones que hay que atender.

Por tanto, es responsabilidad del líder manejar su humor y el de su colectivo de tal forma que les brinde un ambiente cordial que apalanque sus esfuerzos en pos de los mejores resultados.

José Manuel Vega Báez

Fortalece tu Sentido del Humor respondiendo con toda honestidad a las siguientes preguntas:

1. ¿Te das cuenta de la importancia del estado de ánimo?

2. ¿Cómo mantienes un humor favorable en tu colectivo?

3. ¿Te caracteriza siempre un buen estado de ánimo?

4. Si no es así, ¿qué harás al respecto?

5.3

Un líder competente será respetado, uno que además tenga buen humor, será apreciado

El buen humor de un líder resulta agradable para la mayoría de las personas, aunque siempre habrá una minoría que por diversas razones no verá con buenos ojos a un líder jovial.

No obstante, está demostrado que son dos los elementos que en primera instancia determinan el grado de aceptación de un líder: la percepción sobre su capacidad y sobre su simpatía.

De esta manera, si estuviera en manos de un individuo elegir a su próximo líder, buscaría a una persona que juzgara al mismo tiempo como competente y agradable.

Un líder que es capaz pero que no es agradable, sin duda generará respeto. Sin embargo, un líder que además de ser competente sea simpático, ganará en aprecio.

Y aunque los resultados finales puedan ser similares, el nivel de cohesión de un colectivo será mucho mayor cuando el proceso se haya enriquecido con el buen humor de su líder.

José Manuel Vega Báez

Fortalece tu Sentido del Humor respondiendo con toda honestidad a las siguientes preguntas:

1. ¿Qué evidencias te muestran que eres un líder respetado?

2. ¿Qué evidencias te muestran que eres un líder apreciado?

3. ¿Tu colectivo goza de buen humor y alta cohesión?

4. Si no es así, ¿qué harás al respecto?

5.4
¿Por qué ejercer un liderazgo adusto si puede ejercerse uno sonriente?

La manifestación más evidente del buen humor es la sonrisa, que como tiene un gran poder cautivador, debía ser parte integral e imprescindible de la imagen que proyecta un líder.

Por supuesto que hay líderes que tienen mayor facilidad de ser sonrientes, pero los demás requieren esforzarse en desarrollar este atributo, sabedores que les redundará en gran beneficio.

De ninguna manera se trata de aparentar algo que no se es, pero así como cualquier otra característica que favorezca el liderazgo, es necesario dedicar tiempo y esfuerzo para perfeccionarla.

El gran secreto está en que el buen humor externo, para que sea auténtico y duradero, debe ser una proyección del buen humor interno, producto de la satisfacción de ejercer un buen liderazgo.

Y la paradoja es solo aparente, pues si el líder comienza con la práctica de agregar una sonrisa a todo lo que hace, las sonrisas recibidas de regreso iniciarán un círculo virtuoso.

José Manuel Vega Báez

Fortalece tu Sentido del Humor respondiendo con toda honestidad a las siguientes preguntas:

1. ¿Prefieres tratar con un líder sonriente o con uno adusto?

2. ¿Tu colectivo prefiere tratar con un líder sonriente o adusto?

3. ¿Es la sonrisa parte integral de la imagen que proyectas?

4. Si no es así, ¿qué harás al respecto?

5.5
Nunca se sabe hasta dónde llegará un liderazgo que comienza con buen humor

Una vez que la sonrisa se ha vuelto un hábito en el líder, su sentido del humor se verá reforzado y con ello mejorará su desempeño y el del colectivo que encabeza.

En verdad es difícil imaginar una fórmula más sencilla y efectiva para impulsar el que un grupo de individuos diversos convivan, cooperen y consigan lo que se proponen.

Al comprobar que la gratuidad de sonreír es capaz de potenciar los resultados de un colectivo, debe quedar claro que se trata de una inversión que merece ser tomada en cuenta.

Y más porque el buen humor no solo genera mejores desenlaces en los asuntos productivos inmediatos, sino que también fortalece la confianza, la salud y la felicidad de las personas.

Cuando el líder constata que su colectivo acrecienta su confianza, su salud y su felicidad, puede sentirse satisfecho porque su labor ha trascendido el plano pragmático que originalmente le compete.

José Manuel Vega Báez

Fortalece tu Sentido del Humor respondiendo con toda honestidad a las siguientes preguntas:

1. ¿Cómo es la convivencia y la cooperación en tu colectivo?

2. ¿Cómo puedes mejorar esa convivencia y esa cooperación?

3. ¿Tu colectivo goza de confianza, salud y felicidad?

4. Si no es así, ¿qué harás al respecto?

José Manuel Vega Báez

Capítulo 6
Sexto Sentido

6.1
Un buen líder está obligado a ver más allá de lo que sus ojos son capaces de mostrarle

En el contexto del ejercicio del liderazgo el sexto sentido corresponde a la intuición. Una capacidad complicada de definir, pero que puede ser reconocida con facilidad en la práctica.

Al igual que sucede con el resto de los sentidos que hemos analizado, la intuición delimita una sutil frontera que separa a los líderes comunes de los líderes extraordinarios.

Un líder común basará su percepción y sus decisiones solo en elementos racionales, lo cual es incompleto, pues siempre existirán consideraciones adicionales para tomarse en cuenta.

Cuando la razón se enriquece con esas otras consideraciones, entre ellas la intuición, se consigue un panorama más amplio, y por tanto más próspero, para la toma de decisiones.

De ninguna manera se trata de seguir a ciegas lo que el sexto sentido indique, pero tampoco de ignorarlo por completo. Será la prudencia la que determine en cada caso lo más apropiado.

José Manuel Vega Báez

Fortalece tu Sexto Sentido respondiendo con toda honestidad a las siguientes preguntas:

1. ¿Reconoces que cómo líder tienes que ampliar tu visión?

2. ¿En qué casos tu intuición ha sido determinante?

3. ¿Tienes el hábito de tomar en cuenta a tu sexto sentido?

4. Si no es así, ¿qué harás al respecto?

6.2
Un líder alcanza un nivel superior cuando a su racionalidad le agrega su intuición

Algunos líderes subestiman el valor de la intuición porque no pueden comprenderla, pero justo ahí mismo está el meollo del asunto: la intuición no puede ser comprendida.

La razón es que la naturaleza del proceso intuitivo es diferente a la naturaleza del proceso comprensivo. Igual resultaría enunciarlo al revés: la comprensión no puede ser intuida.

La buena noticia es que no se trata de que la intuición se comprenda o de que la comprensión se intuya. Se trata de que a los dos procesos se les considere con la misma importancia.

Una de las principales causas por las que la intuición ha perdido terreno en el plano de la toma de decisiones es porque nuestro propio entorno se ha encargado de desacreditarla y desatenderla.

Pero gracias al sexto sentido de innumerables líderes capaces de trascender la lógica racional es que tenemos el privilegio de gozar del fruto de ideas que han transformado al mundo.

José Manuel Vega Báez

Fortalece tu Sexto Sentido respondiendo con toda honestidad a las siguientes preguntas:

1. ¿Qué te resulta más sencillo: razonar o intuir?

2. ¿Cómo puedes asegurarte que ocurran ambos procesos?

3. ¿Para decidir siempre atiendes a tu razón y a tu intuición?

4. Si no es así, ¿qué harás al respecto?

6.3
Si un líder puede utilizar el sexto sentido, ¿por qué conformarse con usar solo cinco?

En el ejercicio del liderazgo, la razón aporta elementos certeros, si bien nunca completos, de los asuntos a atender. De ahí que la base inicial de cualquier decisión también sea incompleta.

Frente a esta realidad un líder tiene tres escenarios para decidir: usar solo la información racional disponible, complementar esa información racional o incorporar información intuitiva.

Dado que en general la toma de decisiones será más certera con mayor información, resulta recomendable enriquecerla por medio del segundo o tercero de los escenarios.

Sin embargo, como primera diferencia relevante, complementar la información racional disponible requiere de tiempo, mientras que incorporar información intuitiva ocurre de inmediato.

Además, la información racional extra constituye solo un aporte lineal, entretanto la información intuitiva es creadora de sinergia. De ahí la conveniencia que el líder atienda a su sexto sentido.

José Manuel Vega Báez

Fortalece tu Sexto Sentido respondiendo con toda honestidad a las siguientes preguntas:

1. ¿Sabes cómo generar información intuitiva?

2. ¿Tu colectivo sabe cómo generar información intuitiva?

3. ¿Eres capaz de crear alternativas disruptivas con tu intuición?

4. Si no es así, ¿qué harás al respecto?

6.4
El líder que quiere llegar más lejos entrena tanto a su razón, como a su intuición

El sexto sentido de un líder le aporta información única que no es posible obtener de un modo diferente, por lo que debe habilitar los medios para encontrarla y tomarla en cuenta en sus decisiones.

El primer paso consiste en estar abierto a la propia intuición, convencido de las ventajas de hacerlo. Se trata de una determinación consciente que debe volverse un hábito.

Enseguida hay que mirar hacia el interior, para lo cual es conveniente desconectarse temporalmente de los estímulos externos y abrir un espacio de meditación enfocada.

El foco de la meditación debe orientarse a descubrir las sensaciones que produce el tema en cuestión, recordando que se trata de una aproximación enteramente emocional.

Este ejercicio demanda de una voluntad y de una práctica que, dependiendo de los antecedentes de cada líder, puede resultar más o menos difícil. Lo importante es ejecutarlo siempre.

José Manuel Vega Báez

Fortalece tu Sexto Sentido respondiendo con toda honestidad a las siguientes preguntas:

1. ¿Con qué frecuencia activas el proceso de tu sexto sentido?

2. ¿Alientas a que tu colectivo también active ese proceso?

3. ¿Tu práctica intuitiva te permite enseñarle a otros el proceso?

4. Si no es así, ¿qué harás al respecto?

6.5
El líder de un colectivo debe ser capaz de sumar razones y de multiplicar intuiciones

Las sensaciones que obtiene un líder a partir del uso de su sexto sentido complementan la información racional que obra en su poder, con lo cual estará mejor facultado decidir.

Si a eso se le agrega el uso de la intuición por parte de los miembros de su colectivo, no cabe duda que el proceso de toma de decisiones se verá enriquecido de una manera impresionante.

Por tanto, al dicho de la sabiduría popular que asegura que varias cabezas razonan mejor que una sola, se le debe agregar que varios corazones intuyen mejor que uno solo.

Además, la racionalidad individual combinada de un colectivo se comporta como una suma, mientras que la intuición individual combinada de un colectivo lo hace como una multiplicación.

Es en ese momento crucial en el que la prudencia del líder deberá indicarle el peso relativo que deberán tener la información racional y la información intuitiva para tomar la mejor decisión.

José Manuel Vega Báez

Fortalece tu Sexto Sentido respondiendo con toda honestidad a las siguientes preguntas:

1. ¿Dirías que tu colectivo es más racional, intuitivo o equilibrado?

2. ¿Fomentas más la racionalidad, la intuición o el equilibrio?

3. ¿Siempre que decides sumas razones y multiplicas intuiciones?

4. Si no es así, ¿qué harás al respecto?

José Manuel Vega Báez

Capítulo 7
Sentido de Vida

7.1
La mayor diferencia en el desempeño de un colectivo se produce con base en el sentido de vida de su líder

El sentido de vida del líder es, con mucho, el más importante de los sentidos que hasta ahora hemos explorado, debido a que puede brindarle un significado trascendente a su labor.

Cuando el sentido de vida del líder es superficial, así mismo será el fruto de su esfuerzo. Lo cual no significa que su colectivo esté impedido de alcanzar buenos resultados, pero hasta ahí.

Sin embargo, cuando el sentido de vida del líder es profundo, los buenos resultados solo serán el principio de una serie de beneficios para su colectivo y el entorno en el que participan.

Se entiende que un líder tiene un sentido de vida superficial cuando concibe que su trabajo al frente de un colectivo se refiere únicamente a conseguir los objetivos planteados.

Mientras que si su sentido de vida es profundo, estará consciente que más allá del logro de las metas, es fundamental buscar el desarrollo de sus colaboradores y el bien común para su entorno.

José Manuel Vega Báez

Fortalece tu Sentido de Vida respondiendo con toda honestidad a las siguientes preguntas:

1. ¿Qué tan profundo es tu sentido de vida?

2. ¿Qué te hace afirmar lo anterior?

3. ¿Estás comprometido con desarrollar a tu colectivo y entorno?

4. Si no es así, ¿qué harás al respecto?

7.2
El líder amplía su sentido de vida cuando descubre sus talentos, los desarrolla y los pone al servicio de los demás

El grado de profundidad del sentido de vida de un líder guarda una relación directa con el ejercicio de reflexión que ha hecho respecto del propósito mismo de su existencia.

Cuando un líder no ha encontrado su propósito vital, su sentido de vida será superficial, limitando su encomienda como dirigente a la concepción básica de cumplir objetivos.

Conforme trabaja para encontrar su propósito existencial es que el panorama de un líder se amplía, pues se percata que su vida tiene sentido en la medida que aporta un beneficio a los demás.

Y que ese bien solo podrá hacerlo de una manera extraordinaria a través de sus talentos. De ahí que el primer paso para hallar un propósito de vida consiste en descubrir los talentos propios.

Enseguida habrá que cultivar esos talentos, para que en un tercer momento el líder los consagre a su colectivo y a su entorno, generando un beneficio superior al solo logro de las metas.

José Manuel Vega Báez

Fortalece tu Sentido de Vida respondiendo con toda honestidad a las siguientes preguntas:

1. ¿Cuáles son tus talentos más relevantes?

2. ¿En qué grado de desarrollo se encuentran?

3. ¿Tus talentos aportan gran beneficio a tu colectivo y entorno?

4. Si no es así, ¿qué harás al respecto?

7.3
Un líder con gran sentido de vida provoca que florezcan los talentos y la colaboración

Cuando un líder afianzó el hábito de descubrir, desarrollar y poner al servicio de los demás sus talentos, será relativamente sencillo que replique el proceso con los miembros de su colectivo.

Para ello es necesario que haya fomentado la confianza suficiente como para conocer a cada integrante de su colectivo e identificar sus capacidades reales y potenciales.

Con ese renovado sentido de su vida y de su labor, el líder dará un vuelco definitivo en el que su atención se centrará en apoyar a que cada persona del colectivo reconozca sus talentos.

Una vez conscientes de sus capacidades, el líder deberá facilitar su perfeccionamiento de modo que todo el mundo logre un desempeño extraordinario en sus principales cualidades.

Finalmente, al ser el primero en compartir sus talentos en beneficio de los demás, el resto de las personas seguirán su ejemplo y el colectivo generará una sinergia excepcional.

José Manuel Vega Báez

Fortalece tu Sentido de Vida respondiendo con toda honestidad a las siguientes preguntas:

1. ¿Tu liderazgo hace florecer los talentos de tu colectivo?

2. ¿Tu liderazgo facilita el desarrollo de esos talentos?

3. ¿Tu colectivo sigue tu ejemplo de generosidad de talentos?

4. Si no es así, ¿qué harás al respecto?

7.4
El sentido de vida de un líder potenciará su talento, su dedicación y su pasión

A todo lo que hemos mencionado hasta ahora sobre el sentido de vida de un líder y su impacto en su colectivo y en su entorno, habrá que agregarle dos elementos igualmente importantes.

El primero de ellos es la dedicación: una decisión voluntaria para comprometerse a trabajar todos los días en la dinámica planteada, a sabiendas que los resultados no serán inmediatos.

Pero la adopción de nuevos hábitos alineados al sentido de vida, hará que la perseverancia rinda sus frutos conforme vaya transcurriendo el tiempo necesario para que el proceso madure.

El segundo elemento es la pasión: la vehemencia que el líder siente y transmite a su colectivo a partir de su sentido de vida; una energía contagiosa que los volverá imparables.

En la medida que un líder profundice en su sentido de vida, encontrará el talento, la dedicación y la pasión indispensables para obtener resultados superiores y sostenibles.

José Manuel Vega Báez

Fortalece tu Sentido de Vida respondiendo con toda honestidad a las siguientes preguntas:

1. ¿Cómo puedes mejorar tu dedicación como líder?

2. ¿Cómo puedes mejorar tu pasión como líder?

3. ¿Eres la persona más dedicada y apasionada de tu colectivo?

4. Si no es así, ¿qué harás al respecto?

7.5
Lo primero que necesita un líder para trascender es un sentido de vida trascendente

Solo cuando el sentido de vida de un líder es trascendente y está alineado con la actividad que realiza es que podrán obtenerse los beneficios adicionales al simple logro de las metas.

Los integrantes de su colectivo gozarán, entre otras cosas, de un agradable ambiente de convivencia, progresarán en sus destrezas, adquirirán más autoconfianza y serán más plenos.

Además, el entorno del colectivo del líder se verá favorecido por los resultados de un proceso que, basado en la trascendencia, perseguirá el bien común de manera sustentable.

De ese modo, lo que inició con la búsqueda de un sentido de vida más profundo por parte del líder, se transformará en un círculo virtuoso de efecto expansivo y perdurable.

Sucederá entonces que algunos de los miembros del colectivo sobrepasarán la trayectoria de su líder, quien por ello trascenderá y su quehacer podrá ser calificado como liderazgo sobresaliente.

José Manuel Vega Báez

Fortalece tu Sentido de Vida respondiendo con toda honestidad a las siguientes preguntas:

1. ¿Provocas una mejora sustancial en cada colectivo y entorno?

2. ¿Personas de tus colectivos han sobrepasado tu trayectoria?

3. ¿Puedes afirmar que eres un líder sobresaliente?

4. Si no es así, ¿qué harás al respecto?

José Manuel Vega Báez

Sobre el Autor

El doctor José Manuel Vega Báez nació en la Ciudad de México en 1962. Es casado, con tres hijos y gusta del deporte.

Tiene 41 años de trayectoria empresarial y ha desempeñado diversos cargos directivos en la iniciativa privada, el sector público, agrupaciones deportivas e instituciones educativas. Como consejero y consultor ha intervenido en varias organizaciones mexicanas y trasnacionales.

A partir de su experiencia de integrar y dirigir equipos de alto desempeño ha publicado 18 libros sobre liderazgo, convirtiéndose en el escritor de habla hispana más prominente de este tema, del cual es conferencista y facilitador internacional.

En 1992 recibió el grado de Doctor en Administración, cursando los estudios de Maestría en Ingeniería, Maestría en Sistemas, Maestría en Dirección de Empresas, Licenciatura en Sistemas y los Diplomados en Negocios Deportivos, Asesoría Educativa, Humanismo Integral, Desarrollo Sustentable y Alta Dirección.

Desde hace 33 años es catedrático a nivel licenciatura, maestría y doctorado en el área de Gestión de Sistemas Organizacionales en diversas instituciones latinoamericanas de gran prestigio.

Actualmente es Conferencista de Speakers México, Miembro Platinum de la Red Mundial de Conferencistas y Socio Director de SERIE CIMA, firma especializada en liderazgo: desarrollando mejores líderes para edificar un mejor mundo.

Su obra completa incluye los siguientes títulos:

1. Modelo de Estudio Curricular Post-Maestría en el Área de Sistemas (1991)
2. Introducción al Estudio del Pensamiento Transdisciplinario (1992)
3. Creatividad e Innovación en la Administración (1993)
4. Un Rostro Incompleto (1994)
5. Diseño del Sistema de Información de una Empresa (1995)
6. Secretos de Empresa (1995)
7. Modelación Estructural de Sistemas (1996)
8. Primera Guía de Acciones Emprendedoras (1998)
9. Rumbo a la Cima –novela para el nuevo líder (2002)
10. ¿Ya Encontraste tu Queso? –un cuento para nuevos líderes (2005)
11. Un Líder para México 2006 (2006)

José Manuel Vega Báez

12. Propuesta para la Valoración del Nivel de Liderazgo en Funcionarios Públicos de Alto Perfil (2007)
13. La Biblia de la Motivación –obra en coautoría (2008)
14. Liderazgo en Tiempos de Crisis (2009)
15. Lecciones de Liderazgo de los Directores Técnicos del Mundial (2010)
16. Adriana –un relato de liderazgo juvenil (2011)
17. 250 Cápsulas de Liderazgo (2012)
18. Liderazgo en la Cumbre –obra en coautoría (2012)
19. Liderazgo: diez años de aportaciones (2012)
20. Rumbo a la Cima 10 –sé un líder de alto desempeño (2013)
21. Mi Líder Favorito (2014)
22. Mucho Éxito en tu Negocio Propio: los cimientos del liderazgo emprendedor (2015)
23. 500 Cápsulas de Liderazgo (2016)
24. Ahí Viene un Tiburón –cómo ser un buen líder ante la adversidad (2017)
25. Liderazgo Mundialista 2018 –lecciones de aciertos y errores de los mejores entrenadores (2018)
26. **Liderazgo Sobresaliente –cómo lograr resultados superiores y sostenibles (2018)**

José Manuel Vega Báez